밤바다

밤바다

고래원 지음

바른북스

CONTENT

밤바다   008

사랑은 그런 거래   009

착각   010

좋아하는 거 아니야   012

태양   014

그 모든 그것 중   015

꿈   016

내 책은   017

겨울   018

사랑에도 성별이 있나요?   019

보라색 하늘   020

나도 그래   021

행복하지 않아도 돼   022

애타심   024

우정   026

상상   028

거짓말   029

콧노래	031
사랑	032
영원	033
덕분에	034
네가 좋아서	035
약한 사랑	037
꿈	038
내 세상	039
눈물	042
다른 사랑	043
불안	044
미래	045
솔직히 좀 어려워	046
동성이 아닌 이성	047
이거 뭐야?	048
문득	049
자?	050

같은 꿈   051
천천히   052
빛   053
빛의 의미   054
깊은 사랑   056
뭔들   057
사랑이 뭘까   058
추억   060
보는 곳   061
사랑하자   062
웃고 운다   063
선물   064
하나   066
권태기   067
지쳤어   068
미안해   069
알려줘   070
이유   071
연락   072
사랑해   073

마음　075

네가 아니라 나였어　076

이젠　078

왜?　079

아무렇지 않은 척　080

좋았어　081

흔적　082

사랑을 나눌 수 있을까　083

꼭 행복해야 해　085

달빛　086

외줄타기　087

나만　089

그리워　090

그림자　091

그림　093

무얼 위해　094

향기　095

남겨진 자리　096

아침　097

밤바다 2　098

밤바다

나는요 있잖아 언니랑 함께 봤던 그 밤바다를 잊을 수 없어요

우리의 사랑이 비록 비련이라도 나는 언니를 평생 못 잊을 거예요

언니가 나에게 했던 그 모진 말들도 다 나한테는 사랑의 속삭임으로 들렸거든요

우리 만약에 아주아주 만약에 다시 만나는 그날이 오면 다시 꼭 그 밤바다에서 만나요

사랑은 그런 거래

언니 사랑은 그런 거래

- 뭐?

너무 좋아 표현할 방법을 바보라고 말한대 그리고 그 사람 때문에 많이 웃기도 하지만, 그만큼 많이 우는 거래

그러니까 언니가 지금 하는 이 행동들 사랑이 아니면 정의할 수 없어
그니까 언니 울지 말고 나 봐봐

- 바보

착각

나 여자 안 좋아해 착각하지 마

- 그럼 그때 입맞춤은 다 뭐였어요? 우정? 사랑? 아직도 모르겠어요? 언니 나 사랑하잖아요

뭐가 문제인 거지 서로 사랑하고 좋아해서 만난다는데 난 모르겠어요. 뭐가 문제인지

뭐가 문제인지 알려줘?

- 네가 걷잡을 수 없이 좋아져서 판단력이 흐려진다? 그런 말이라면 계속해줘요

내가 너 때문에 미치겠다 진짜

- 봐봐 부정도 하지 않으면서

좋아하는 거 아니야

가끔 그러더라
네가 미치도록 죽도록 미워서 생각나는데 또 네가
미친 듯이 좋아서 계속 생각나

그만 좀 내 머릿속을 괴롭혔으면 좋겠다가 또 내
머릿속을 괴롭히는 사람이 너라는 거에 안도감과
기쁜 감정이 든다?

나 진짜 이상하지 근데 널 알고 난 후, 정확히는 널
좋아하게 된 후 그러는 것 같아

근데 이거 좋아하는 건 아닌 것 같아 나 너 싫어하나 봐

- 언니 그거 좋아하는 거 아니에요. 사랑하는 거지

태양

있잖아 그런 말이 있어 태양은 우릴 비춰 주느라 웃음을 잃어버렸다고 그래서 웃지 못한다고

네가 그 태양일까 봐 난 겁이 나

사랑하는데 너무 미치도록 사랑하는데 네가 나 때문에 불행한 거라면 나 너 놓아 줄래 너 힘든 거 나 감당 못 해

- 언니 사랑하면 더 꽉 잡아 줘요

그 모든 그것 중

언니가 사랑하는 모든 것들은 행복하길 매일같이 빌었어요

근데 언니

나 사랑하는 거 맞아요? 아니면 내 기도가 잘못된 건가

꿈

오늘도 꿈에 언니가 나왔어요
날 보고 싶다고 안아주던 그 미소가 얼마나 이쁘던지
너무 사랑스러워서 잊을 수가 없어요
자주 보는 미소지만 자주 볼 때마다 기분이 좋아서
그냥 같이 살고 싶어요
그럼 매일매일 언니를 볼 수 있잖아

내 책은

언니 내가 쓰는 책엔 온통 언니와 내 얘기야

언니한테 하고 싶던 얘기들과 언니에게 해주고 싶은 행동들

나 이제 언니만 생각하나 봐 나 진짜 어쩌지 언니가 너무 좋아서 미칠 것 같은데

겨울

나는 코끝 찡긋거리고 훌쩍거리며 걷는 겨울이 좋더라

눈이 소복하게 쌓인 바닥을 뽀드득뽀드득 그렇게 걷는 겨울이 좋더라

근데 이것도 너랑 하는 거 아니면 다 소용없더라고 결론은

보고 싶다고

사랑에도 성별이 있나요?

사랑에 성별이 있어야만 한다면

꼭 그래야만 한다면

그건 거짓된 사랑이 아닐까?

보라색 하늘

나는 보라색 하늘이 좋아

파란색 하늘도 물론 이쁘지만, 보라색은 색이 섞여서 나타난 색이잖아 그래서 나는 보라색 하늘이 이쁜 것 같아

우리가 만나서 또 하나의 색을 만든 그것처럼 말이야

나도 그래

보고 싶어 많이

- 지금도 보고 있잖아

몰라 그냥 그래 보고 있어도 계속 보고 싶고
사랑해도 계속 사랑해 주고 싶어
언닌 안 그래?

- 나는 지금 너를 보고 있는 이 순간도 꿈만 같아서
  이 꿈이 깨질 않기를 간절히 바라고 있을 뿐이야

행복하지 않아도 돼

다른 사람들은 애인이 슬퍼하면 같이 슬퍼해 준대 근데 나는 좀 다르다?

나는 있잖아 네가 행복하면 막 행복해

근데 있잖아 네가 우울하거나 속상해하면 나도 잠깐 우울할 것 같다가도 정신을 바짝 차리곤 해

네가 속상할 땐 내가 옆에서 힘이 되어주고 싶어서 네가 우울할 땐 옆에서 큰 위로는 아니더라도 자그마한 위로라도 되고 싶어서

그래서 있잖아 네가 행복할 땐 같이 행복해해 줄래

나는 네가 행복한 거 그것만으로도 충분해

애타심

낯선 이 감정이 뭔지 한참을 생각해 봤어요

근데 언니 아무리 생각해도 이건 우정은 아닌 것 같아

언니만 보면 심장이 떨리고 내 마음이 먼저 반응하는데 이게 어떻게 우정이야?

언니는 나 보면 안 떨려요? 난 지금, 이 순간도 언니 보고 있는 지금, 이 순간마저도 떨려서 미쳐버릴 것 같은데

언니가 날 안 좋아해도 날 그냥 우정이라고 생각해도 상관없어요

언니가 그냥 제 곁에만 있어 준다면 전 그걸로도 충분해요. 난 그거면 돼…

우정

언니 나 울 것 같아요. 나는 언니 좋아하는데 언니는 그렇지 않은 것 같아서 나만 좋아하는 것 같아서

- 무슨 소리야 너랑 나는 제일 친한 친구잖아

그게 문제인 거예요. 언니가 날 그냥 동생으로 본다는 거
아직도 헷갈려요? 이게 우정인지 사랑인지?
언니가 날 보는 눈빛도 사랑이라 말하고 언니가 나한테 하는 말들은 다 사랑으로 들리는데 언닌 아직도 이게 우정 같아요?

난 우정 아닌 것 같은데

- 그럼 뭔데

사랑이요 지독하게 얽힌, 우리는 사랑 말고는 표현할 수 없는 단어잖아 안 그래요?

상상

난 가끔 상상하곤 해

내 생에 네가 없었다면 어땠을까 하고

- 나는 언니가 없는 내 생을 상상해 본 적도 없어요

거짓말

나 언니가 기다리라면 언제든지 기다릴 수 있어요 진심으로 근데 떠나는 건 안 돼 그것만은 정말 안 돼요

시간 갖자는 말도 내가 싫다는 말도 다 들어줄게요. 그런 건 아무것도 아니야, 근데 언니 제발 떠나지만 마요

제발요 나 미워해도 돼요. 상관없어요. 그냥 내 옆에서 그냥 같이 있어 주면 돼

근데 언니 떠나 버리면 나 정말 무너질 것 같아서
그래요

- 내가 시간 갖자는 말, 네가 싫다는 말 해도 너 안
  무너질 자신 있어?

…응

- 거짓말

콧노래

콧노래가 저절로 나온다 언니랑 있으니까 너무 신이 나고 좋은가 봐요

나는 요즘 계속 언닐 생각하면서 노래를 불러요

아름다운 노래 가사들이 꼭 얘기 같아서

사랑

사랑이라는 건 뭔지 한참을 생각해 봤어 난 사실 사랑이라는 단어가 익숙지 않거든

근데 이제 알겠더라 지금 이게 사랑이라는 거

영원

언니 우리는 저기 저 빛나는 별들처럼 영원히 빛나진 못하더라도 영원히 사랑할 거예요. 그렇죠?

- 글쎄 영원이란 게 있을까?

덕분에

난 언니 때문에 매일 행복해요

- 나 때문에 매일 행복해? 나는 네 덕분에 매일 행복해

그거나 그거나죠. 언니

- 아냐 달라 나는 너 때문이 아니라 네 덕분에 행복한 사람이 되고 싶은걸

네가 좋아서

언니 사랑해

- 갑자기? 뜬금없이?

뜬금없다니 나는 언니가 너무 좋은데 언니가 부담스러울까 봐 매일같이 말 아끼다가 말하는 거야

언니는 나 안 사랑해?

- 내가 더 사랑해 이 세상 모든 것을 줘도 또 주고 싶고 그냥 모르겠어 네가 너무 좋은데 어떡해

- 언니 그런 말은 어디서 배운 거야?

- 배운 거 아니야 너랑 있으면 이런 말이 저절로
 나오는 거야 네가 너무 좋아서

약한 사랑

인간은 사랑에 참 약한 것 같아 그치?

- 왜?

누군가를 사랑하게 되면 판단력이 흐려지고 힘들기도 하잖아

- 그런가…. 근데 그래도 판단력이 흐려져도 힘들어도 그걸 이겨내는 게 사랑 아닐까?

꿈

꿈을 꾸었어요

꿈속에서는 언니와 내가 놀고 있었고요

영원할 줄 알았어요
아니, 영원하길 바랐어요

그렇게 영원할 줄 알았던 내 꿈속에서 깨어났어요
내 마음속 깊은 언니와의 추억들은 사라졌지만

그래도 그리 깊지 않은 곳에서 나를 아니 어쩌면
우리를 기다리고 있을 거라 믿어요

내 세상

내 세상은 참 좁아요

내 세상에 들어올 수 있는 사람은 없는 줄 알았어요

근데 언니가 내 세상에 들어왔어요

기뻤어요. 좁디좁은 내 세상을 언니라는 사람이 채워줘서

그 무엇도, 슬픈 내 눈물도 들어오질 못할 만큼 언니가 내 세상에서 점점 커졌어요

근데 언니는 좁은 내 세상이 감당하기 어려웠나 봐요

계속 내 세상을 나가려고 했어요
슬펐어요. 내 세상에 흠집이 날까 봐

내 세상에 흠집이 다 났고
언니가 내 세상에서 나가고 깨달았어요

진짜 슬픈 건 언니라는 사람이 내 세상에서 나간 게 슬프단 거

내 세상이 흠집이 난 게 슬픈 게 아니라 언니라는
그 사람이 내 세상에서 나간 거요 그게 난 슬펐던
거더라고요

눈물

나는 파란 물감을 흘려보고 싶었어

투명한 물감이 아니라 파란 물감 말이야

난 어릴 때부터 줄곧 물은 파랗다고 생각해왔어

근데 왜 눈물은 파랗지 않은 거야?

언니 덕분에 알게 되었어 눈물은 파랗지 않다는걸
눈물은 그 누구에게도 들키기 싫어서 투명하다는걸

다른 사랑

언니 언니는 내가 떠나면 다른 사람 사랑할 수 있어?

- 아니 널 사랑한 뒤로 다른 사랑은 못 할 것 같아

언니 나 아니어도 지금 내가 언니에게 주는, 아니 더 큰 사랑을 줄 수 있는 사람이 있을 수도 있잖아

- 그게 다 무슨 소용이야 네가 아니잖아

불안

너를 사랑한다는 표현으로는 부족한 것 같아

- 그게 뭐야

아 몰라 그냥 많이 사랑한다고

그러니까 내 곁에서 떠나지 마 제발

미래

나는 언니랑 내가 같이 미래를 그려 나갔으면 좋겠어

- 나는 너무 좋지

근데 있잖아 나는 내 미래에 언니가 안 보여

솔직히 좀 어려워

언니가 나에게 주는 눈빛 언니가 나에게 전해주는 목소리 전부 감당하기 버거워

그래서 나는 그냥 줄려고

- 뭘?

- 언니한테 사랑을

동성이 아닌 이성

나는 가끔 생각해요. 언니랑 내가 동성이 아닌 이성으로 만났다면 어땠을까? 하고요

우리가 이성이었다면 언니는 날 사랑해줬을까?
우리가 동성이 아니었다면 우리 관계가 사랑임을 알게 됐을까?

가끔 그런 상상을 하곤 해요

이거 뭐야?

이거 뭐야?

- 뭐가?

그냥 내가 처음 느끼는 감정들이야

널 만나고 모든 게 처음인 감정들이어서 아직 받아들이는 데 어려워

문득

내가 널 좋아하는 만큼 너도 날 좋아하는지 문득
궁금해졌어

너도 날 매일 생각하는지
맛있는 음식을 먹으면 날 떠올리는지
이쁜 걸 보면 같이 보고 싶다는 생각이 드는지

사실 난 매일 널 생각하고
맛있는 음식을 보면 널 떠올리고
이쁜 걸 보면 네 생각이 나

날 헷갈리게 하는 너도 그러는지 문득 궁금해졌어

자?

자?

- 아직

나도 안 자

- 왜? 내일 일정 있다며 얼른 자

언니랑 같이 자서 같은 꿈 꾸려고

같은 꿈

언닌 모르지 내가 왜 맨날 언니가 자는 시간에 자는지

같은 시간에 자면 꿈속에서 만난대요

그래서 나는 언니랑 같은 시간에 자고 싶어

- 바보 같아

천천히

너무 급할 필요 없어 서두를 필요도 없어 천천히 하면 돼

- 그래도 나는 너무 조급해

우리가 천천히 사랑을 시작한 것처럼 다른 것들도 사랑과 다를 거 없어 천천히 하면 되는 거야 천천히

빛

언니 나는 사실 사는 게 무서워서 그냥 살기 싫을 때도 많았어

근데 있잖아 그럴 때마다 언니가 나에게 다가와

날 비춰 주더라 그래서 내 삶은 언니와 함께 빛났어

빛의 의미

난 세상에서 가장 밝은 빛이 되고 싶어서
그래서 빛을 쫓아갔어
닿을 수 없다는 걸 알면서도 쫓아가서 계속

어쩌면 나는 세상에서가 아닌 너에게서 가장 밝은
빛이 되고 싶었는지도 몰라

네가 날 돌아섰을 땐 난 그 빛이 비치기를 바라지
않게 되었어

빛은 참 야속하기도 하지

네가 날 돌아서고 나서야 빛은 그제야 나에게 아스라이 다가왔어

난 그 빛을 피해 도망갔어

깊은 사랑

우리 예전 같지 않은 것 같다

- 근데 언니 우리 그동안 설레는 순간만 많았잖아
  근데 이제 싸우기도 하니까 난 오히려 좋아

왜?

- 뭔가 이제야 더 깊은 사랑을 언니와 하게 된 것
  같아서

뭔들

언니, 바다 너무 이쁘죠

- 응 진짜네 너무 이쁘다

근데 저는 저 바다보다 언니랑 보내고 있는 지금, 이 순간, 이 장면이 더 이쁜 것 같아요

- 우리가 함께면 뭔들 안 이쁘겠어

사랑이 뭘까

언니 사랑이 뭘까요

- 너랑 내가 하고 있는 거, 이게 사랑 아닐까?

그런가? 나는 잘 모르겠어요. 사랑이 뭔지

- 어 저기 윤슬 봐봐 저게 사랑 같다

왜요?

- 달빛이 바다가 보고 싶어서 내려간 것 같지 않아?

나는 조금 다른데 달빛은 달빛의 모습을 볼 수 없으니까
바다가 달빛의 모습을 보여주려는 거 아닐까요

자신이 얼마나 빛나고 있는지

추억

우리 바다를 보러 가자

푸르고 깊은 바다를 보러 가자

그 바다에 가서 우리 둘만 알 수 있는 곳에서 또 다른 추억을 만들자

나는 너랑 그렇게 둘이서만 알 수 있는 추억을 만들고 싶어

보는 곳

네가 보는 곳과 내가 보는 곳이 같으면
우린 오래갈 수 있을까

- 그런 거 필요 없어요. 우린 더 오래 더 많이 사랑
  할 거야

사랑하자

사람이 사람을 사랑하는 게 무슨 문제인지 나는 잘 모르겠어

이성이든 동성이든 내가 언니를 좋아하고 있고

언니도 나를 좋아하고 있고

그러니까 우리 더 이상 남 신경 쓰지 말고 행복하게 사랑하자

웃고 운다

언니가 요즘 살찐 것 같지 않냐는 말에도 나는 그런 말을 하는 언니가 그냥 사랑스러워서 웃었다

언니가 요즘 우울하다고 해서 난 그냥 울었다

오늘도 나는 언니 덕분에 웃고 운다

선물

어느 날 나에게 선물처럼 예고도 없이 언니는 다가왔어요
기억해요?

난 그 순간을 아직도 잊을 수가 없어요

내가 받았던 어떤 선물들보다 말도 안 되게 행복했거든요

그 뒤로 언니는 나에게서 가장 소중한 존재예요

우리가 처음 만난 날부터 언니는 나에게 제일 소중한 존재가 되어버렸다고요

하나

하나만 물어볼게

- 뭔데?

나 얼마큼 사랑해?

- 적어도 언니가 생각하는 것 보다 많이

그럼 다른 거 너 내가 왜 좋아?

- 언니 하나라면서 나한테 궁금한 거 되게 많나 봐

너한테가 아니라 우리한테 궁금한 게 많은 거야

권태기

나 할 말 있어 나 이제 너 안 좋아하는 것 같아

너랑 있어도 안 설레고 너랑 전화하는 것도 귀찮고

그니까 나는
…나는

- 나랑 그만하고 싶어요?

아니 나 좀 도와줘 나 권태기인 것 같아

제발 나 좀 도와줘

지쳤어

우리의 사랑은 힘이 참 강하다고 생각했어

무엇이든 이겨 낼 수 있다고 생각했어

근데 우리의 사랑이 너무 지쳤나 봐

더 이상 언니를 사랑하지 않는다고 말해

- 우리의 사랑이 지치는 게 아니라 네가 지친 거야
  너의 사랑이 지친 거라고

미안해

언니 사랑해

- 네가 사랑한다고 말하면 불안해

왜?

- 그게 네가 말하는 마지막 사랑일까 봐 겁이 나, 두려워

왜 아무 말도 안 해? 평소의 너라면 말도 안 되는 소리 하지 말라며 날 안아줬을 너잖아

미안해

알려줘

나보고 이제 어떡하라고 너 없이 어떻게 살라고

이렇게 나를 쉽게 버려?

나보고 도대체 어쩌라는 거야 너 없는 삶은 생각도 해본 적 없는데 너 없는 일상은 생각도 안 했는데

이제 나는 어떡하라는 거야

이유

내가 언니를 좋아하는 이유는 없는 것 같아

- 그게 뭐야?

언니를 좋아하는 데 이유가 필요한가 싶고
언니를 사랑하는 데 이유가 있어야 하나 싶어

언니를 사랑하지 않는다는 건 아니야 절대 그런 건 아니야

그냥 내가 언니를 좋아하는 거에 대해서 의미부여 하고 싶지 않아

연락

너 요즘 연락이 잘 안돼서 좀 서운한 감이 없지 않아 있어

- 그만큼 언니를 믿으니까 집착도 안 하고 누구랑 노냐고 연락도 잘 하지 않게 되는 것 같아

핑계 대지 마 그냥 나한테 관심 떨어진 거잖아

- 언니가 그렇게 생각할 줄은 몰랐어 미안해
  근데 내가 집착하면 언니 싫어하잖아

무관심보단 나아

사랑해

사랑한다는 그 뻔한 말들 이젠 좀 지겨운 것 같아

- 뻔하다니 그게 무슨 말이야

네가 맨날 사랑한다고 말하니까 그게 조금 뻔한가 하고 느껴져

- 절대 그런 거 아니야 내가 매일 언니를 사랑한다고 말하는 이유는
  정말 언니를 사랑해서 그래서 사랑한다는 말이 저절로 나와

그럼 이제 사랑한다는 말 좀 아낄까?

- 아니 그건 싫어

마음

내 마음이 네 마음과 같았더라면

그랬더라면 어땠을까 상상을 하곤 해

네가 아니라 나였어

네가 행복했던 모습만 보면서 지냈던 날들이 엊그제 같은데

너는 이제 행복하지 않은 거야?

봐봐 내가 말했잖아 다 거짓말이라고 결국엔 우리는 영원할 수 없다니까?

이렇게 헤어지자 할 거면 왜 그렇게 사랑한다고 말했어

바보같이 그 말을 다 믿은 난 뭐가 돼?

내가 착각했어 바보는 네가 아니라 나였네 그런 줄도 모르고 네가 한 말이면 좋다고 난리 쳤었던 내가 너무 비참하다

바보는 나였어 네가 아니라

이젠

나 너 못 보내 주겠어

내가 어떻게 너를 놓아
네가 그랬잖아 우리 미래까지 행복해지자고 그 누구보다 행복해지자고 근데 이렇게 떠나 버리면 나 보고 어떡하라고

- 사랑했어 사랑했지만, 이젠 아니야

왜?

왜 떠났어? 왜 내 곁에서 떠나갔어?

사랑한다면서 그 많은 말들이 다 거짓말이었어?

나는 아직도 궁금한 게 많은데 이 궁금증을 해결해 줄 네가 없네

아무렇지 않은 척

너는 아무렇지도 않나 봐

우리가 헤어진 게 나는 아직도 심장이 저려 너랑
내 관계가 끝났다는 게 아직도 믿기지 않아서

너는 왜 아무렇지 않은 거야?

정말 아무렇지 않은 거야?

좋았어

나는 더 힘 있는 사람이 되어서 언니를 지켜주고 싶었어

근데 이제 알겠더라 이 말들 다 핑계인 거

내가 언니를 지키고 싶었던 게 아니라 내가 힘 있는 사람이 되어서 나한테 지킴 받고 싶었던 거야

- 핑계여도 나는 그 말 좋아했어 누군가가 나를 지켜준다는 생각에 그게 너라는 생각에 너무 좋았어

흔적

아직도 내 일상에는 네 흔적이 많아

우리가 지낸 시간이 있는데 그 흔적들이 어떻게 지워지겠어

근데 있잖아 나 너 이제 놓아주려고

너를 계속 붙잡고 있는 것도 너를 사랑하는 방법은 아닌 것 같아

그래도 많이 사랑해

사랑을 나눌 수 있을까

'사랑해'라는 말을 반으로 나눌 수가 있을까

아니 나눌 수 없겠다

'사랑해'라는 말은 그 자체로여야만 아름다운 것이니까

나눌 수 없는 '사랑해'란 말 한마디는 너만 가져도 좋으니 부디 내가 너에게 주는 사랑을 해치더라도 그러더라도 무슨 일 있어도 꼭 안고 있어 주지 않겠니?

그 사랑을 해치더라도 다치는 건 나의 몫이니 넌
그냥 그렇게 내가 너에게 주는 사랑을 꼭 안아주렴

결국 또 이렇게 나만 너를 사랑하지만 그래도 나
는 네가
내 사랑을 안고 있는 그것만으로도 난 좋다

꼭 행복해야 해

꼭 행복해야 해

- 그 말 진짜 이기적인 거 알아? 너는 행복할 테니
  나도 행복해지라고 뭐 그런 건가?
  근데 있잖아 나는 너 없이 행복해질 자신도 없고
  그럴 생각도 없어
  그러니까 생각 잘하고 말해

언니 우리 너무 깊은 곳까지 사랑했나 보다
이제 그만하자

달빛

달처럼 빛나던 너는 나를 항상 비춰 주었고
바다 같았던 나는 항상 너의 모습을 보여 주었어

네가 얼마나 이쁜지 소중한 존재인지 알려 주기 위해
네가 없으면 난 보이지도 않았고 내가 없으면 너는
너의 자기 모습을 볼 수가 없었어

그렇게 우린 각별했던 거야

외줄타기

우리는 사랑이라는 외줄에서 버티고 있는 거야 언제 끊어질지 모르는 이 외줄 위에서 말이야

아, 아닌가? 너는 이미 밑에서 위태롭게 끊어진 줄을 붙잡고 있는 나를 보고 있는 건가?

그래, 그런 것 같아 애초에 이 외줄 위는 나만 있었어 나 혼자만의 게임이었던 거야 나만 놓으면 모든 게 끝나는데 내가 놓지 못하고 있었던 거야 그런 거야

근데 나도 너무 힘들다
끊어진 줄을 붙잡고 매달려 견뎌보려 했는데 아무래도 안 될 것 같아

이 줄을 놓으면 저 깊은 바다에 빠지겠지만 이제 놓아줄 때가 된 것 같아

나만

우리 누구보다 서로를 아껴 줬잖아

우리 그 누구보다도 애틋하고, 사랑했잖아

아무리 불안한 일이어도 함께 이겨내기로 약속했잖아

근데 왜 나만 널 그리워해?

그리워

보고 싶다
지겹도록 한 말
사랑해
귀가 아프도록 들은 말

다 네가 했던 말이잖아

나 너무 그리워

그림자

나는 언니의 그림자마저 밟지 못하였어

혹여나 그 그림자가 상처가 날까 혹여나 그림자가 망가질까?

나는 언니의 그림자마저 망가지는 게 싫었거든

근데 언니는 나의 그림자도 아닌 나의 마음을 짓밟고 가네

나는 언니에게 그림자 같은 존재가 되고 싶었으니

까, 그러니까 내 마음은 짓밟히고 망가져도 상관없어

나는 언니에게 그런 그림자 같은 존재이니까

그림

그림 그리는 걸 좋아하던 너는 매일 그림을 그렸고

너를 보기를 좋아했던 나는 매일 이 순간이 사라질까 두려워 그림을 그리는 너를 그려두었어

그래서 아직도 내 그림장엔 네가 많아 아니 너만 있어

무얼 위해

사랑아, 너는 무얼 위해 그리 힘든 거니

부디 다음엔 누군가를 만날 때에는 힘들고 아픈 사랑 말고 행복한 사랑을 하렴

- 힘들어도 좋았어요
  슬퍼도 좋았어요
  우리의 사랑이어서 좋았어요

향기

차가 지나간 자리에는 쓸쓸한 낙엽들의 텁텁한 향이 남아있어

내가 지나간 언니의 마음속에는 어떤 향이 남았어?

내 마음에 남은 향은 말할 수 없을 것 같아

언니는 아직 내 마음속 깊은 곳에서 나오지 않고 있거든

남겨진 자리

네가 떠나고 남겨진 자리에는 아무도 들어올 수가 없어

애초에 나는 네가 떠나고 자리를 만들어 두지 않았거든

내 공간에 너라는 존재가 들어와서 헤집어 놓고

그렇게 나가버리니까 이제 다시 아무도 못 들어오게 자리를 만들어 두지 않을 거야

아침

너는 있잖아 나에게 아침 같은 존재였어

아침이 오면 인상 찌푸리게 되지만 또 하루를 시작할 생각에 기분이 좋기도 하잖아

그래서 너는 나한테 아침 같은 존재였어

밤바다 2

너와 함께 바다를 보고 싶어

바다에서 같이 놀고 바다에서 수다 떨고 맛있는 음식도 먹고 그러고 싶어

내가 했던 모진 말들 전부 다 미안해

근데 나 진짜 너 너무 보고 싶다

우리 밤바다에서 만나기로 했던 거 기억나?

나 항상 여기서 매일 널 기다려

기다리고 있을게 여전히 사랑해

당신의 첫사랑은 누구인가요

그 이유는 무엇인가요

밤바다

초판 1쇄 발행 2025. 4. 28.

지은이 고래원
펴낸이 김병호
펴낸곳 주식회사 바른북스

편집진행 김재영
디자인 양헌경

등록 2019년 4월 3일 제2019-000040호
주소 서울시 성동구 연무장5길 9-16, 301호 (성수2가, 블루스톤타워)
대표전화 070-7857-9719 | **경영지원** 02-3409-9719 | **팩스** 070-7610-9820

•바른북스는 여러분의 다양한 아이디어와 원고 투고를 설레는 마음으로 기다리고 있습니다.

이메일 barunbooks21@naver.com | **원고투고** barunbooks21@naver.com
홈페이지 www.barunbooks.com | **공식 블로그** blog.naver.com/barunbooks7
공식 포스트 post.naver.com/barunbooks7 | **페이스북** facebook.com/barunbooks7

ⓒ 고래원, 2025
ISBN 979-11-7263-334-9 03810

• 파본이나 잘못된 책은 구입하신 곳에서 교환해드립니다.
• 이 책은 저작권법에 따라 보호를 받는 저작물이므로 무단전재 및 복제를 금지하며,
이 책 내용의 전부 및 일부를 이용하려면 반드시 저작권자와 도서출판 바른북스의 서면동의를 받아야 합니다.